BEI GRIN MACHT SICH IHR WISSEN BEZAHLT

AF139979

- Wir veröffentlichen Ihre Hausarbeit, Bachelor- und Masterarbeit

- Ihr eigenes eBook und Buch - weltweit in allen wichtigen Shops

- Verdienen Sie an jedem Verkauf

Jetzt bei www.GRIN.com hochladen und kostenlos publizieren

Bibliografische Information der Deutschen Nationalbibliothek:

Die Deutsche Bibliothek verzeichnet diese Publikation in der Deutschen National-bibliografie; detaillierte bibliografische Daten sind im Internet über http://dnb.d-nb.de/ abrufbar.

Impressum:

Copyright © 2015 GRIN Verlag
Druck und Bindung: Books on Demand GmbH, Norderstedt Germany
ISBN: 9783668852204

Dieses Buch bei GRIN:

https://www.grin.com/document/452953

Kevin Gutsche

Qualitätsmanagement und Qualitätszertifizierung im Gesundheitsmanagement

Investition, Finanzierung, Produktion und Logistik

GRIN Verlag

GRIN - Your knowledge has value

Der GRIN Verlag publiziert seit 1998 wissenschaftliche Arbeiten von Studenten, Hochschullehrern und anderen Akademikern als eBook und gedrucktes Buch. Die Verlagswebsite www.grin.com ist die ideale Plattform zur Veröffentlichung von Hausarbeiten, Abschlussarbeiten, wissenschaftlichen Aufsätzen, Dissertationen und Fachbüchern.

Besuchen Sie uns im Internet:

http://www.grin.com/

http://www.facebook.com/grincom

http://www.twitter.com/grin_com

Deutsche Hochschule für
Prävention und Gesundheitsmanagement
Hermann Neuberger Sportschule 3
66123 Saarbrücken

Einsendeaufgabe

Fachmodul: Betriebswirtschaftslehre IV

Studiengang: Sportökonomie

Datum
Präsenzphase: 2015

Name, Vorname: Gutsche, Kevin

Inhaltsverzeichnis

Tabelle 1: Übersicht Ausbildungsbetrieb (eigene Darstellung)

Name der Anlage	Bodystreet
	Klassifizierung
Anlagenstruktur	Gemischtes Studio
Art der Anlage	Franchise-Studio
Größe der Anlage	< 300 m²
Preisstruktur der Anlage	> 90,00 €

1 Qualitätsmanagement und Qualitätszertifizierung

1.1 Definition Qualitätsmanagement und Qualitätszertifizierung

In diesem Absatz werden die Begriffe, Gemeinsamkeiten und Unterschiede erläutert. Da die beiden Begriff sich aus dem gleichen Wort „Qualität" zusammensetzen, ist es wichtig zuallererst auf die Definition einzugehen.

Das Wort stammt aus dem lateinischen „qualitas" und beschreibt im Allgemeinen die Beschaffenheit und wird dabei von objektivem Merkmalen und subjektiven Bewertungen bestimmt. Da diese Begrifflich im Allgemeinen relativ neutral zu betrachten ist, wird im Bereich der Wirtschaft Qualität als Wert oder Güte einer Sach- oder Dienstleistung aus der Sicht des Anwenders beschrieben (Stiller, 2015). Erst der Konsument eines Produktes oder einer Dienstleistung bestimmt den wahren Wert und die Qualität. Sofern seine Erwartungen erfüllt oder sogar überfüllt werden, misst er diesem einen positiven Wert bei (Schlaffke & Plünnecke, 2015, S. 193). Die zu erwartende Wirkung und den dazu im Verhältnis stehenden Nutzen müssen möglichst groß sein. Dabei erwartet der Konsument keine Verschlechterung der Leistung, welches in diesem Fall nicht zu einem Wiederkauf führen würde. Demnach lässt sich zusammenfassend sagen, dass Qualität die Erfüllung von Anforderungen und das Streben nach Feherlfreiheit sind.

Aus dieser Dringlichkeit heraus dem Kunden eine qualitativ hochwertige Produkt- oder Dienstleistung zu erbringen, ist das Qualitätsmanagement von großer Bedeutung. „Qualitätsmanagement meint das Führen und Steuern der Organisation hinsichtlich der Qualität ihrer Leistungen und Produkte" (Piechotta, 2008, S. 8). Es sind alle aufeinander abgestimmten Tätigkeiten und deren Ziele, die zum Lenken, Sichern und vor allem Weiterentwickeln der Qualität dienen. (Hermann & Fritz, 2011, S. 13). Hierbei wird einmal zwischen der strategischen und dem operativem Qualitätsmanagement unterschrieben. Ausgehend von der Geschäftsleitung festgelegter Qualitätspolitik, die auf die Bedürfnisse der Kunden ausgerichtet ist und zugleich jeden Mitarbeiter einbezieht, gibt es auf operativer Ebene einen Kreislauf. Dieser Kreislauf stellt sicher, dass die festlegten Ziele in konkrete Maßnahmen und Abläufe umgesetzt werden. Dieser besteht aus der Planung, Lenkung, Sicherung und Verbesserung dieser Abläufe durch ständige Kontrollen und Soll/Ist-Vergleiche, um der hohen Kundenerwartung der Produkte und Dienstleistung gleichbleibend gerecht zu werden.

Im Gegensatz dazu beschäftigt sich die Qualitätszertifizierung mit der Auskunft der Qualität eines Produktes oder einer Dienstleistung und überprüfen die Durchsetzung der Normen und Kriterien. Bei der Zertifizierung werden sowohl die Produkte bzw. Dienstleistung, als auch das Qualitätsmanagement kontrolliert. Es ist demnach eine Bestätigung, dass nationale und internationale Standards mit den entsprechenden Normen im Unternehmen integriert und umgesetzt werden (Schlaffke & Plünnecke, 2015, S. 275). Der große Vorteil ist, dass eine Zertifizierung ein großes Vertrauen bei den Kunden schafft, Seriosität vermittelt und ihnen eine Sicherheit über die Qualität gibt (Schlaffke & Plünnecke, 2015, S. 280).

Um letztendlich noch die Gemeinsamkeiten der beiden Begriffe darzustellen, lässt sich feststellen, dass beide Begriffe sich sehr stark auf die Prozesse und Abläufe im Unternehmen konzentrieren. Durch beide Maßnahmen wird versucht, die Qualität der Abläufe im Unternehmen festzustellen und fortlaufend zu verbessern, um letztendlich auch eine gleichbleibend hohe Qualität der Produkte oder Dienstleistung zu gewährleisten. Somit können die Erwartungen der Kunden fortan erfüllt werden, sie werden dadurch nicht enttäuscht, sind langfristig an das Unternehmen gebunden und erhalten somit die Wirtschaftlichkeit des Unternehmens.

Auf der anderen Seite müssen allerdings auch einige Unterscheide genannt werden. Im Rahmen der Verbesserung und Anpassungen werden diese bei dem Qualitätsmanagement vom eigenen Unternehmen durchgeführt. Die Audits finden sozusagen aus der internen Perspektive statt, um die Abläufe zu überprüfen und um sie mit den eigens gestellten Zielen und Herausforderungen zu vergleichen. Die Soll Werte werden mit den Ist-Werten verglichen und bei Defiziten angepasst. Das Ziel liegt hierbei in dem Erkennen von Verbesserungspotential (Hermann & Fritz, 2011, S. 240ff.).

Im Rahmen der Qualitätszertifizierung erfolgt eine externe Bewertung von Zertifizierungsstellen. Diese sind neutral und unabhängig, um eine objektive Bewertung zu gewährleisten. Diese haben das Ziel einen Vergleich mit den festgelegten Normen und Standards, die Soll-Werte, mit den tatsächlichen Ist-Werten im Unternehmen zu vergleichen. Bei Übereinstimmung wird ein Zertifikat ausgestellt oder es müssen soweit Anpassungen vorgenommen werden, bis die erforderlichen Kriterien umgesetzt worden sind. (Hermann & Fritz, 2011, S. 227).

1.2 Personalanforderung für gerätegestütztes Training nach der DIN 33961:2014

Wie schon in der obigen Tabelle ersichtlich wurde, ist mein Ausbildungsbetrieb eine Bodystreet Filiale mit Fokus auf Personal Training mit Hilfe von Elektrischer Muskel Stimulation. Demnach erstelle ich nachfolgend ein fiktives Studio und werde anhand dieses Studios die Anforderung für das gerätegestütztes Training gemäß der DIN 33961:2014 analysieren und überprüfen.

Die Fitnessanlage „be fit & healthy" ist ein gesundheitsorientiertes Studio, welches sich auf eine hohe Qualität und gute Betreuung ausrichtet. Die Anlage hat eine Größe von 1100m² und eine Trainingsfläche von 600m². Insgesamt sind in dem Studio 1.200 Mitglieder angemeldet. Dem stehen sieben volljährige Trainer gegenüber.

1.2.1 Personaleinsatzplan

Tabelle 2: Personaleinsatzplan „be fit & healthy"

Uhrzeit	Montag T1	Montag T2	Dienstag T1	Dienstag T2	Mittwoch T1	Mittwoch T2	Donnerstag T1	Donnerstag T2	Freitag T1	Freitag T2	Samstag T1	Samstag T2	Sonntag T1	Sonntag T2
7-8	6		6	1	3	1	7	5	7	5	geschlossen	geschlossen	geschlossen	geschlossen
8-9	6	1	6	1	3	1	7	5	7	5	4		geschlossen	geschlossen
10-11	6	1	6	1	3	1	7	2	7	5	4	5	2	7
11-12	6	1	6		3	1	7	2	7		4	5	2	7
12-13	6	1	6	5	3	7	3	2	7	3	4	5	2	7
13-14		7	6	5		7	3	5	7	3	2	5	2	7
14-15		7		5	4	7	3	5		3	2	5	2	7
15-16		7		5	4		3	5	6	3	2	6	6	1
16-17	4	7	2	4	4	2	3	5	6	3	2	6	6	1
17-18	4	3	2	4	4	2	4	1	6	3	2	6	6	1
19-20	4	3	2	4	5	2	4	1	6	5		1	6	1
20-21	4	3	2	4	5	2	4	1	6	5		1	geschlossen	geschlossen
21-22	4	3	2		5	2	4	1		5		1	geschlossen	geschlossen
22-23		3	2		5		4	1		5			geschlossen	geschlossen

T1: Trainer 1
T2: Trainer 2

| 1 | Personalnummer

geschlossen

7/38

1.2.2 Qualifikationsstufen

Trainer 1: Fitnesstrainer B-Lizenz (BSA)

> Qualifikationsstufe 2

Trainer 2: Student zum Bachelor in Fitnessökonomie (DHfPG)

> Qualifikationsstufe 1

Trainer 3: Trainer für rehabilitatives Krafttraining (BSA)

> Qualifikationsstufe 3

Trainer 4: Fitnesstrainer A-Lizenz, Sportrehabilitation (Bereichsleiter) (BSA)

> Qualifikationsstufe 4

Trainer 5: Fitnesstrainer B-Lizenz (BSA)

> Qualifikationsstufe 2

Trainer 6: Gesundheitstrainer (BSA)

> Qualifikationsstufe 3

Trainer 7: Fitnesstrainer A-Lizenz (BSA)

> Qualifikationsstufe 3

1.3 Soll/ist-Vergleich

Berechnung der Öffnungszeiten der Trainingsfläche

Montag bis Freitag (je 14 Stunden = 70 Stunden), Samstag 12 Stunden und Sonntag 9 Stunden

Insgesamt: 70 + 12 + 9 = **91 Stunden** bzw. **5460 Minuten**

Soll-Wert der Trainerwochenstundenzahl

Wie anhand der Aufgabenstellung ersichtlich wird, liegt die Anforderung für diese Fitnessanlage bei 79 Stunden. Diese Einteilung erfolgte anhand der Gesamtfläche der Anlage, welche mit 1100m² mit 79 Trainerstunden bemessen werden muss.

Berechnung des Ist-Wert der Trainerwochenstundenzahl anhand des Personaleinsatzplanes

Durch den Personaleinsatzplan werden 162 Stunden ersichtlich, die von Trainern für die Trainingsfläche abgedeckt werden.

Abzug auf Grund reduzierter Einsehbarkeit des Trainingsbereiches vom Beobachtungspunkt

Es gibt keine Reduzierung, da der Trainer von der Position aus die Möglichkeit hat alle Trainingsgeräte zu überblicken. Somit ist diese Anforderung erfüllt.

Betreuung während der gesamten Öffnungszeiten

Soll: Während der gesamten Öffnungszeit muss mindestens ein Trainer mit Qualifikationsstufe 2 anwesend sein.

Ist: Bis auf Trainer 2, der zur Zeit als Student in dem Unternehmen beschäftigt ist und somit keine Qualifikationsstufe 2 aufweist, besitzen alle anderen Trainer mindestens die B-Lizenz und demnach die Voraussetzung, um diese Anforderung zu erfüllen. Im Personaleinsatzplan lässt sich ebenfalls erkennen, dass Trainer 2 immer mit einer höheren Qualifikationsstufe zusammen arbeitet, um sicherzustellen, dass mindestens ein Trainer anwesend ist, der die Qualifikationsstufe 2 besitzt. Somit ist dieser Punkt erfüllt.

Bereichsleiter Trainer

Soll: Qualifikationsstufe 4

Ist: Trainer 4 gilt in diesem Unternehmen als der Bereichsleiter. Dieser hat eine abgeschlossene Ausbildung im Bereich der Sportrehabilitation und besitzt ebenfalls die A-Lizenz. Somit ist er vom Fachwissen her in die 4. Qualifikationsstufe einzuordnen und erfüllt demnach die Bedingungen.

Trainereinsatz

Soll: Mindestens 30% der Zeit müssen mindestens durch Qualifikationsstufe 3 abgedeckt werden

Ist: Zur besseren Darstellung und Übersichtlichkeit werden die Trainer mit der entsprechenden Qualifikationsstufe nochmals aufgelistet und deren Arbeitsstunden summiert.

Tabelle 3: Übersicht Trainerstunden mit Qualifikationsstufe 3

Trainer mit Qualifikationsstufe 3	Stundenanzahl / Woche
Trainer 3: Trainer für rehabilitatives Krafttraining	21 h
Trainer 4: Fitnesstrainer A-Lizenz, Sportrehabilitation	22 h
Trainer 6: Gesundheitstrainer	23 h
Trainer 7: Fitnesstrainer A-Lizenz (BSA)	22 h
Summe	68 h

Im Hinblick auf die geforderte Mindeststundenanzahl von Trainern sind für die Erfüllung der Anforderungen 23,7 Stunden pro Woche gefordert. Durch die obige Abbildung wird sehr deutlich, dass dies mit 68 Stunden erfüllt ist.

Der Soll-Wert von 79 Trainerstunden wird mit 68 Stunden zu **86%** durch mindestens Qualifikationsstufe 3 abgedeckt. Somit diese Anforderung als erfüllt anzusehen.

Zusammenfassung:

Anhand der oben dargestellten Ergebnisse lässt sich feststellen, dass die Fitnessanlage „be fit & healthy" alle Anforderungen an die DIN Norm 33961:2014 für das gerätegestütztes Training erfüllt. Die qualitativen und quantitativen Personalanforderungen lassen eine Zertifizierung zu. Wie Anfangs schon erwähnt wurde, ist das Konzept des Studios die Ausrichtung auf eine qualitativ hohe Betreuungsqualität, wodurch die Zertifizierung von Anfang an angestrebt wurde, um sich im Marktgebiet von der Konkurrenz abzusetzen.

1.4 Einsehbarkeit der Trainingsfläche

1.4.1 Grundriss

Legende:

⬭	Sitzbereich
▭	Freihantelbereich (2 x jeweils 3 Stationen = 6)
△	Kraftgerät (51)
◇	Crosstrainer (12)
○	Laufband (6)
⊂	Fahrradergometer (12)

Insgesamt: **87 Geräte**

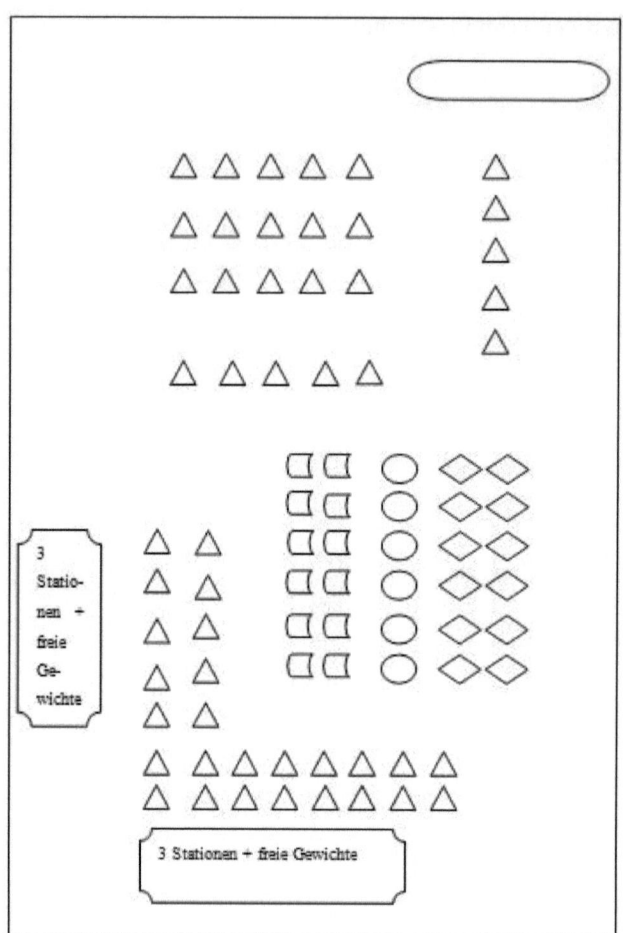

Abbildung 1: „be fit and healthy" Grundriss

1.4.2 Einsehbarkeit

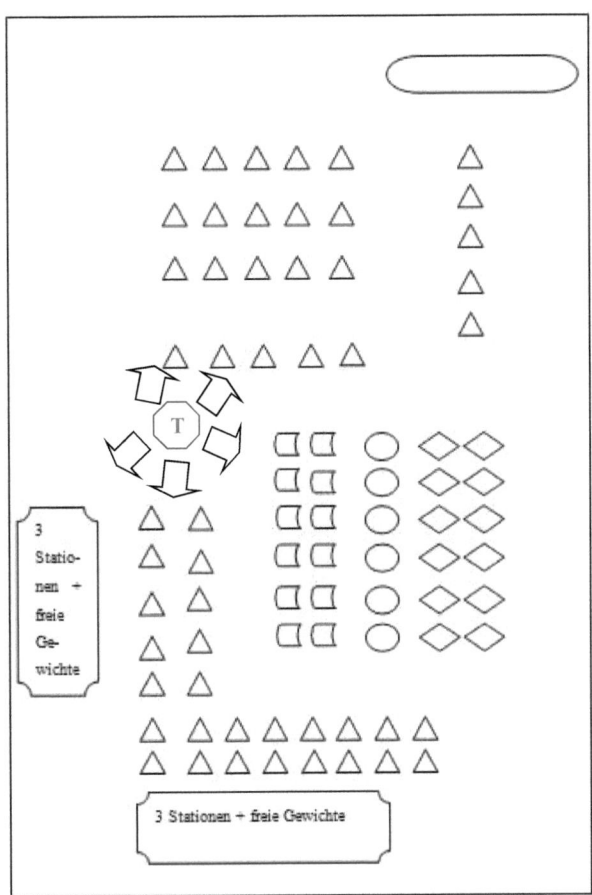

Abbildung 2: „be fit and healthy" Grundriss & Einsehbarkeit Trainer

(T) Zuständiger Trainer für die Betreuung der Mitglieder auf der Trainingsfläche

⇨ Sichtbereich des Trainers

Wie in Abbildung 2 verdeutlicht wurde, hat der Trainer von dem ihm zugewiesenen Punkt aus die Möglichkeit alle Geräte zu überblicken und bei Bedarf Hilfestellung und Korrekturmaßnahmen vorzunehmen. Man muss hierbei natürlich davon ausgehen, dass der Trainer nicht statisch an der Position verbleibt, sondern sich dynamisch in diesem Bereich bewegt, um eine verbesserte Sicht zu haben.

2   Investition

2.1   Kapitalwertmethode

Um die nachfolgende Berechnung besser zuordnen zu können, werden die Rechengrößen näher erläutert:

Tabelle 4: Rechengrößen Kapitalwertmethode (Wöhe, 2005, S. 600 ff.)

Kapitalwert	K
Investitionszeitraum	T_0 bis t_n
Anschaffungskosten	A_0
Anzahl der Nutzungsdauerperioden	N
Liquidationserlös zum Ende der Nutzungsdauer	L_n
Einzahlung zum Zeitpunkt t (siehe Tabelle)	E_t
Auszahlung zum Zeitpunkt t (siehe Tabelle)	A_t
Kalkulationszinssatz	i
Abzinsungsfaktor in den Zeitpunkten t=1 bis n	$(1+i)^{-1}$

Anschaffungskosten (A_0)

A_0 = 84.000 € Brutto

1. Schritt: Berechnung Anschaffungskosten in Netto

84.000 : 1,19 = 70.588

A_0 = **70.588 € Netto**

2. Schritt: Ermittlung der Barwerte mit einem Kalkulationszinsfußsatz von 8 %

Kalkulationszinsfuß (i)

i = 8 %

Abzinsungsfaktor $(q^{-t}) = 1 : (1+i)^{-t}$

$$= 1.08^{-t}$$

Tabelle 5: Barwerte der Einzahlungen bei 8%

Jahr	Einzahlungen	Abzinsung	Barwert
1	30.100 €	$1,08^{-1}$	27.870,37 €
2	31.200 €	$1,08^{-1}$	26.748,97 €
3	44.500 €	$1,08^{-1}$	35.325,53 €
4	49.900 €	$1,08^{-1}$	36.677,99 €
Summe			**126.352,86 €**

Tabelle 6: Barwerte der Auszahlungen bei 8%

Jahr	Auszahlungen	Abzinsung	Barwert
1	13.800 €	$1,08^{-1}$	12.777,78 €
2	17.400 €	$1,08^{-1}$	14.917,70 €
3	26.100 €	$1,08^{-1}$	20.719,02 €
4	45.100 €	$1,08^{-1}$	18.449,25 €
Summe			**66.863,75 €**

3. Schritt: Berechnung des Liquidationserlös

Liquidationserlös:

$35.500 : 1,08^{-4} = 26.093,56$ €

4. Schritt: Berechnung des Kapitalwerts

$$K_0 = -A_0 + \sum_{t=1}^{n} (E_t - A_t)(1+i)^{-t} + L_n(1+i)^{-n}$$

Kapitalwert (K_0) =

- 70.588 + 126.352,86 - 66.863,75 + 26.093,56

= **14.994,47 € Netto**

= **17.843,42 € Brutto**

Der Kapitalwert beträgt 14.994,47 € Netto bzw. 17.843,42 € Brutto. Mit der Berechnung des Kapitalwertes mit einem Kalkulationszinssatz von 8% ist die Investition vorteilhaft. Es wird über die Tilgung des Kredites hinaus eine Vermögenszuwachs durch die Investition erzielt.

2.2 Zinsfußmethode

Bei der internen Zinsfußmethode werden zwei verschieden Zinssätze zur Berechnung genutzt anstatt eines Kalkulationszinssatzes.

Tabelle 7: Rechengrößen interne Zinsfußmethode (Wöhe, 2005, S. 600 ff.)

Kapitalwert	K
Investitionszeitraum	T_0 bis t_n
Anschaffungskosten	A_0
Anzahl der Nutzungsdauerperioden	N
Liquidationserlös zum Ende der Nutzungsdauer	L_n
Einzahlung zum Zeitpunkt t (siehe Tabelle)	E_t
Auszahlung zum Zeitpunkt t (siehe Tabelle)	A_t
Kalkulationszinssatz	i
Abzinsungsfaktor in den Zeitpunkten t=1 bis n	$(1+i)^{-1}$
Interner Zinssatz	**r**
Versuchszinssätze	**p**

1. Schritt: Berechnung der Barwerte mit Versuchszinssatz von 6%

Tabelle 8: Barwerte mit Versuchszinssatz 6%

		Versuchszinssatz 6 %	
Jahr	Differenz Einzahlungen - Auszahlungen	Abzinsungsfaktor $1,06^{-t}$	Barwert
1	16.300 €	$1,06^{-1}$	15.377,36 €
2	13.800 €	$1,06^{-2}$	12.281,95 €
3	18.400 €	$1,06^{-3}$	15.448,99 €
4	24.800 €	$1,06^{-4}$	19.643,92 €
Summe			**62.752,22 €**
+ Liquidationserlös	35.500 €	$1,06^{-4}$	28.119,33 €
			90.871,54 €
- Anschaffungskosten			- 70.588 €
Summe			**20.283,55 €**

$K_1 = 20.283,55$ €

2. Schritt Berechnung der Barwerte mit Versuchszinssatz von 12%

Tabelle 9: Barwerte mit Versuchszinssatz 12%

		Versuchszinssatz 12 %	
Jahr	Differenz Einzahlungen - Auszahlungen	Abzinsungsfaktor $1,12^{-t}$	Barwert
1	16.300 €	$1,12^{-1}$	14.553,57 €
2	13.800 €	$1,12^{-2}$	11.001,28 €
3	18.400 €	$1,12^{-3}$	13.096,76 €
4	24.800 €	$1,12^{-4}$	15.760,85 €
Summe			**54.412,46 €**
+ Liquidationserlös	35.500 €	$1,12^{-4}$	22.560,89 €
			76.973,35 €
- Anschaffungskosten			- 70.588 €
Summe			**6.385,35 €**

K_2= **6.385,35 €**

3. Schritt: Einsetzen in die Formel

$$r = p_1 - K_1 * \frac{p_2 - p_1}{K_2 - K_1}$$

R= 6- 20.283,55 x (12-6) : (6.385,35-20.283,55)

R= 14,76 %

Der interne Zinsfuß (r) liegt über dem zu erreichenden Kalkulationszinssatz von 8 % und gilt somit als vorteilhaft!

3 Finanzierung

3.1 Finanzierungsinstrumente Kraftausdauerzirkel

Im Folgenden werden drei Möglichkeiten erläutert, um einen Kraftausdauerzirkel zu finanzieren.

Zum Einen besteht die Möglichkeit der Finanzierung über einen Kredit. Die Form der Finanzierung über einen Kredit gehört zur externen Fremdfinanzierung. Die Finanzierung kommt in der Regel durch individuelle Vereinbarungen zustande. Der Kapitalgeber, die Bank, hat die Pflicht die Geldsumme in vereinbarter Höhe zur Verfügung zu stellen, hat aber auf der anderen Seite das Recht die entsprechenden Zinsen und die Tilgung zurückzufordern (Eilenberger, 2003, S. 257). Dabei wird der Geldgeber nicht Anteilseigner am Unternehmen. Die aktuelle Lage einen Kraftausdauerzirkel zu finanzieren ist sehr attraktiv. Die Europäische Zentralbank hat den Leitzins am 4. September 2014 gesenkt und beträgt derzeit für den europäischen Markt 0,05% (Kerbler, o.J.). Der Leitzins legt unter anderem fest, zu welchem Zinssatz eine Bank ihr Geld bei der Zentralbank leihen kann. Demnach sorgt eine Leitzinssenkung für eine günstige Möglichkeit für die Banken sich Geld zu leihen. Dadurch haben Banken wiederum die Möglichkeit leichter und mit geringeren Zinsen Kredite zu vergeben, um Unternehmen ihre Investitionen zu erleichtern und ganzheitlich die Wirtschaft anzukurbeln (Bundesbank, 2015, S. 177f.).

Das Unternehmen muss sich nach der Kreditanfrage und vor Vergabe des Kredites einer Kreditwürdigkeitsprüfung unterziehen. Hierbei werden die persönlichen und wirtschaftlichen Verhältnisse analysiert. Dabei sollen die mit der Vergabe des Kredites verbundenen Risiken abgeschätzt und bewertet werden. Der Kreditnehmer hat ein großes Interesse daran sein Geld bis zum Ablauf der Frist wiederzubekommen. Dazu werden vielfältige Bewertungsgrundlagen mit in die Bewertung einbezogen. Zum Einen werden die „hard facts" berücksichtigt. Man konzentriert bei dieser Bewertung auf die Jahresabschlüsse, Kennzahlen wie Liquidität, Rentabilität, Kapitalverhältnisse, Marktsituation, zukunftsorientierte Unternehmenspläne und vor allem auch die privaten Vermögensverhältnisse insbesondere bei einem Einzelunternehmen als Gesellschaftsform (Breuer, 2015). Aus der Aufgabenstellung wird nicht ersichtlich, ob es bei dem Unternehmen um ein Einzelunternehmen handelt.

Wenn dies allerdings der Fall, werden die Banken auch die privaten Verhältnisse analysieren, da ein Einzelunternehmen auch mit dem privaten Vermögen haftet (Glück, 2015). Zum Anderen werden neben allerdings auch die „soft facts" analysiert. Zu diesen weichen Faktoren gehören Image, Stimmung die sich in der Fluktuation von Fachkräften niederschlägt, fachliches Know-How, organisatorische Abläufe. Diese Faktoren werden als „soft facts" betitelt, da sie nur mit Hilfsindikatoren als Kennzahl darzustellen sind und ihre ökonomische Relevanz sich aus der Kraft von optimierten Prozessen und Abläufen ergibt (Lies, 2015).

Nach der Prüfung gibt die Bank eine Einschätzung über die Bonität, das bankeninterne Rating, ab. Je geringer die Bank das Risiko einschätzt und je besser die Analyse der Unternehmenssituation ausfällt, desto geringer ist die Zinsbelastung für den gewährten Kredit. Denn ein Rating ist eine Benotung über die zukünftige Fähigkeit eines Unternehmens die Rückzahlungen für die Tilgung des Kredites und die Zinsen vollständig und zum richtigen Zeitpunkt zurückzuzahlen (Heim, 2006, S. 17).

Nach der Zusage des Kredites hat der Kreditgeber ein großes Interesse die wirtschaftliche Entwicklung des Kreditnehmers zu überprüfen, denn die Chance eines Kreditausfallrisikos besteht nicht nur vor sondern auch während der Laufzeit. Durch die permanente Kontrolle soll bei Verschlechterung der wirtschaftlichen Verhältnisse Gegenmaßnahmen eingeleitet werden (Becker, 2007, S. 160).

Zusammenfassend lässt sich feststellen, dass die Fremdfinanzierung mit Hilfe eines Kredites eine gute Möglichkeit darstellt den Kraftausdauerzirkel zu finanzieren. Geschäftsinhaber muss nicht lange seine Gewinne ansparen, um zu investieren. Das Geld kann relativ schnell beschaffen werden. Allerdings darf man auch nicht die Nachteile vernachlässigen. Mit dem Kredit geht man einen Vertrag mit der Bank ein, welcher bezahlt werden muss. Man muss in einem festgelegtem Zeitraum die Zinsen und die Tilgungsrate bezahlen auch wenn das Unternehmen sich wirtschaftlich verschlechtert. Gerade in einem Einzelunternehmen kann es dann dazu führen, dass mit dem privaten Vermögen gehaftet werden muss. Letztendlich muss man auch die Bonität des Unternehmens berücksichtigen, da sie sich maßgeblich auch die Höhe der Rückzahlung auswirkt. Wird das Unternehmen als schlecht bewertet sollte von dieser Finanzierung abgeraten werden. Zudem muss das Verhältnis von Eigen- und Fremdkapital berücksichtigt werden. Da eine Fitnessanlage zu einem sehr anlageintensiven Unternehmen gehört, herrscht oftmals eine hohe Differenz zwischen Eigen- und Fremdkapital, da viele Anlagen fremdfinanziert werden.

Somit weisen Fitnessstudios in der Regel einen hohen Verschuldungsgrad auf, welches die Höhe Verbindlichkeit in Relation zum Eigenkapital setzt (Bretz & Tomscheit, 2011, S. 32). Demnach muss das Unternehmen zunächst die eigene Bilanz analysieren, um zu ermitteln, ob eine weitere Finanzierung durch Fremdkapital sinnvoll ist. Im Gegensatz dazu kann diese Art der Finanzierung durchaus in Betracht gezogen werden, wenn das Unternehmen eine gute Bonität erhält und sich der Inhaber ausreichend Gedanken über die Rückzahlung gemacht hat. Denn die derzeitige Lage mit dem niedrigen Leitzins ist ein günstiger Zeitpunkt den Kraftausdauerzirkel mit Hilfe eines Kredites zu finanzieren.

Eine weitere Möglichkeit, welche häufig vorgefunden wird, den Kraftausdauerzirkel zu finanzieren, ist das Leasing. Untern „Leasing" versteht man die „zeitlich begrenzte Überlassung von Mobilien, Immobilien oder Arbeitskräften zu konstanten, im Vorhinein festgelegten Raten" (Übelhör & Warns, 2004, S. 133). Leasing gewinnt als alternative Finanzierung zum Bankkredit immer mehr an Bedeutung (Kähler, 2015, S. 2). Das liegt wahrscheinlich daran, dass immer mehr Banken zunehmend größere Anforderungen stellen, um einen Kredit zu gestatten. Wie im vorangegangen Text schon erläutert wurde, gibt es eine enorme Anzahl an Analysekriterien wie die „soft" und „hard facts", die die Banken untersuchen. Leasing bedeutet also demnach, dass ein Unternehmen eine Gerätschaft gegen eine Zahlung von gleichbleibenden Leasingraten mietet. Somit müssen die Anschaffungskosten weder aus eigenen Mitteln noch auf einmal bezahlt werden. Im Leasing gibt es zwei unterschiedliche Formen. Zum Einen kann der Hersteller das Objekt direkt an den Verbraucher verleasen und zum Anderen besteht die Möglichkeit, dass zwischen dem Hersteller und dem Leasingnehmer noch eine Leasinggesellschaft existiert (Böing, 2015, S. 1). Somit lässt sich auch darstellen, dass diese Form des indirekten Leasings ein Dreiecksgeschäft ist, da der Verbraucher nicht direkt mit dem Hersteller einen Leasingvertrag eingeht (Kähler, 2015, S. 4). So wie bei jeder Art einer Finanzierung gibt es eine Menge Vor- als auch Nachteile. Zum Einen ist das Leasen eine gute Möglichkeit der Finanzierung wenn das nötige Kapital zum Kauf fehlt, da die Leasinggesellschaften weitaus weniger Anforderungen stellen, als z.B. Banken, die sehr stark auf die Sicherheit bedacht sind. Im Gegensatz zu einem Bankkredit sind die Bilanzkennzahlen wie zum Beispiel der Deckungsgrad wesentlich besser, als mit einer Aufnahme eines Kredites. Das kann zu einem besseren Image führen, indem das Kapital besser verteilt ist (Kähler, 2015, S. 8). Weiterhin muss noch herausgestellt werden, dass die Leasingraten in der Regel steuerlich absetzbar sind (Böing, 2015, S. 4).

Zum Anderen sind die Nachteile nicht zu vernachlässigen. Die Kosten für die Finanzierung sind im Vergleich zu einem Barkauf oder einer Kreditfinanzierung wesentlich höher, da die Leasinggesellschaft die Gewinne und weitere Verwaltungskosten mit einkalkuliert. Weiterhin besitzt das Unternehmen kein Eigentum am Leasinggut (Kähler, 2015, S. 8). Dennoch trägt der Leasingnehmer, anders als bei einem normalen Mietgeschäft, die Verantwortung für Wartungen und Instandhaltung (Werner & Kobabe, 2005, S. 162). Außerdem ist hierbei zu beachten, dass auf Grund des Dreiecksgeschäftes eventuelle Schwierigkeiten entstehen, wenn es um die Garantieleistung des Investitionsobjektes geht (Schlaffke & Plünnecke, 2015, S. 119).

Unter all diesen Aspekten ist immer eine Frage der individuellen Situation, ob die Möglichkeit des Leasing eine vorteilhafte Finanzierung darstellt.

Eine dritte Möglichkeit den Kraftausdauerzirkel zu finanzieren ist mit Hilfe von Rückstellungen, welche als innere Fremdfinanzierung bezeichnet wird (Glück, 2015). Rückstellungen sind nach dem Handelsrecht Aufwendungen, die hinsichtlich ihrer Höhe oder Entstehung ungewiss sind. Sofern ein Unternehmen Rückstellungen bildet, werden die Ausgaben einer Periode ihrer Verursachung zugeordnet werden (Dennerlein, 2015). Voraussetzung für den Kauf des Kraftausdauerzirkels mittels Rückstellungen ist natürlich ein ertragsstarkes Unternehmen. Es müssen ausreichend Gewinne erzielt werden, um überhaupt Rückstellungen in einer ausreichenden Höhe zu erstellen. Für Unternehmen in der Aufbauphase besitzen in der Regel eine geringe Innenfinanzierungskraft und sind meistens auf die Hilfe einer Fremdfinanzierung abgesehen von Rückstellungen angewiesen (Glück, 2015). Auch bei dieser Finanzierungsform existieren einige Vor- und Nachteile, die bei der Entscheidung mitberücksichtigt werden müssen. Zum Einen kann die starke Unabhängigkeit vom Kapitalmarkt genannt werden. Dadurch, dass das Unternehmen die Finanzierung aus eigenen Mitteln bewilligt, ist es nicht auf externe Kapitalgeber angewiesen. Weiterhin fallen keine Provisionen oder Gebühren an, wenn man eine Investition mit den eigenen Mitteln tätigt. Als letzten Punkt ist zu verdeutlichen, dass der Durchführungsaufwand nicht hoch ist. Auf der anderen Seite ist es schwierig jedes Jahr eine gleiche Summe, die für die Investition ausreichen soll, zurückzustellen (Glück, 2015). Es ist nicht Möglichkeit vorauszusehen, wie hoch die Gewinne am Ende des Jahres sein werden. Als Beispiel kann ein Wasserschaden im Fitnessstudio genannt werden, der beseitigt werden muss und daher die Gewinne für die Reparatur anfallen. Somit ist es vielleicht in dem Jahr nicht möglich Rückstellungen zu vollziehen.

Von all den drei genannten Finanzierungsformen ist immer wichtig individuell zu prü-
fen, welche Form am besten zu der aktuellen Situation des Unternehmens passt.

3.2 Basel III

Im Jahre 1988 wurde im Bereich der Bankwirtschaft eine Eigenkapitalvereinbarung
getroffen, um eine Stabilität des Finanzsystems zu erreichen. Diese Bestimmung wurde
mit dem Namen „Basel I" beschrieben. Zu Beginn des Jahres 2007 wurde diese Verein-
barung erweitert (Schierenbeck, 2015). Hierbei lag die wesentlichste Änderung im Bereich der Eigenkapitalhinterlegung. Die zuvor herrschende Anforderung 8 % Eigenkapital zu hinterlegen, wurde nun durch ein Kreditrisiko gestaffelten Prozentsatz erweitert
(Geyer et. al., 2006, S. 229). Weiterhin stützte sich die Anforderungen des Baseler Aus-
schusses auf drei Pfeiler, die Mindesteigenmittelanforderungen, der aufsichtsrechtlicher
Überprüfungsprozess und die Kontrolle durch den Markt (Schierenbeck, 2015). Durch
den Auslöser der Finanzkrise 2007 mussten demnach weitere Veränderungen vorgenommen werden, um eine weitere Krise zu verhindern. Infolgedessen wurde im Jahre
2013 Basel III eingeführt. Der Hauptaspekt dahinter ist die verstärkte Stabilität des
Bankensektors und stützt sich auf die verbesserte Risikodeckungsmasse und höhere
Liquiditätsanforderungen. Zum Einen soll Basel III gegenüber Basel II höhere Anforderungen hinsichtlich der Qualität und Quantität von Risikodeckungsmasse darstellen.
Zum Anderen sind die Banken dazu aufgefordert die Zahlungsfähigkeit besser zu über-
wachen, um in einer Krise die Möglichkeit zu besitzen mit genügend Eigenkapital dies
auszugleichen (Pohl, 2015).
Zusammenfassend lässt sich darstellen, dass dieses Reformpaket Banken zu einer ver-
besserten Eigenkapitalhinterlegung verpflichtet, um im Falle einer Krise die Steuerzah-
ler davor zu schützen für den Schaden aufzukommen, der durch möglicherweise fahr-
lässiges Verhalten der Banken entstanden ist.

4 Produktion und Logistik

4.1 Arbeitsproduktivität

Mein Ausbildungsbetrieb ist wie oben schon erwähnt eine Bodystreet Filiale. Wir haben von Montag bis Freitag von 8:30 bis 20 Uhr geöffnet. Am Samstag beträgt die Öffnungszeit von 9 bis 16 Uhr und am Sonntag haben wir geschlossen. Jede halbe Stunde haben maximal zwei Mitglieder die Möglichkeit das Training zu absolvieren. In einer Stunde sind es maximal vier Trainingseinheiten. Dementsprechend ergeben sich daraus folgende maximale Check-Ins.

- Montag – Freitag: 11,5 Stunden geöffnet.
  → 46 maximale Check-Ins
- Samstag: 7 Stunden geöffnet
  → 28 maximale Check-Ins
- Sonntag: nicht geöffnet

In meinem Ausbildungsbetrieb gibt es inklusive mir 3 duale Studenten, die in dem Studio arbeiten. Alle Studenten arbeiten in der Woche ca. 38 Stunden. Es gibt keine Unterteilung zwischen Service Mitarbeiter und Trainer, da im Mikrostudio alle für beide Bereiche verantwortlich sind.

Nachfolgend soll nun die Arbeitsproduktivität der Kalenderwoche vom 05. Oktober bis zum 11. Oktober 2015 dargestellt und gerechnet werden. Die Formel zur Berechnung der Arbeitsproduktivität lautet:

$$\textbf{Produktivität} = \frac{Anzahl\ der\ Check-Ins\ pro\ Tag}{Anzahl\ der\ Personalstunden\ pro\ Tag}$$

Zunächst werden die Check-Ins übersichtlich zu den Personalstunden abgebildet.

Tabelle 10: Kennzahlen Check-Ins und Anzahl an Personalstunden

Tag	Montag 05.10.	Dienstag 06.10.	Mittwoch 07.10.	Donnerstag 08.10	Freitag 09.10	Samstag 10.10	Sonntag 11.10.
Check-Ins	21	31	37	27	24	21	0
Anzahl Stunden	21	23	23	21	20	10	0

Montag:

In der Regel ist Montag mit den wenigsten Mitgliedern. Im Durchschnitt lassen sich aus dem letzten Quartal 21 Check-Ins feststellen. Demgegenüber sind 21 Personalstunden eingeplant. Daraus ergibt sich folgende Arbeitsproduktivität:

$$\frac{21}{21} = 1$$

Dienstag:

Mitte der Woche kann unser Studio am meisten Auslastung verzeichnen. Im Durchschnitt lassen sich aus dem letzten Quartal 31 Check-Ins feststellen. Demgegenüber sind 23 Personalstunden eingeplant. Daraus ergibt sich folgende Arbeitsproduktivität:

$$\frac{31}{23} = 1,35$$

Mittwoch:

Der Mittwoch ist der Tag mit den meisten Check-Ins und Mitgliedern, die trainieren. Im Durchschnitt lassen sich aus dem letzten Quartal 37 Check-Ins feststellen. Demgegenüber sind 23 Personalstunden eingeplant. Daraus ergibt sich folgende Arbeitsproduktivität:

$$\frac{37}{23} = 1,61$$

Donnerstag:

Am Donnerstag lässt der Ansturm der Mitglieder schon etwas nach. Im Durchschnitt lassen sich aus dem letzten Quartal 27 Check-Ins feststellen. Demgegenüber sind 21 Personalstunden eingeplant. Daraus ergibt sich folgende Arbeitsproduktivität:

$$\frac{27}{21} = 1,29$$

Freitag:

An diesem Tag lässt sich feststellen, dass dieser Tag zwar noch beliebter, als der Montag ist, aber mit den zu schwächsten Tagen in der Woche zählt. Im Durchschnitt lassen sich aus dem letzten Quartal 24 Check-Ins feststellen. Demgegenüber sind 20 Personalstunden eingeplant. Daraus ergibt sich folgende Arbeitsproduktivität:

$$\frac{24}{20} = 1,20$$

Samstag:

Der Samstag ist trotz der kurzen Öffnungszeit sehr gut besucht. Viele der Mitglieder nutzen den Tag, um zu trainieren, wenn sie es nicht schaffen ist der Woche die Trainingseinheit zu absolvieren. Im Durchschnitt lassen sich aus dem letzten Quartal 21 Check-Ins feststellen. Demgegenüber sind 10 Personalstunden eingeplant. Daraus ergibt sich folgende Arbeitsproduktivität:

$$\frac{21}{10} = 2,10$$

Tabelle11: Kennzahlen Check-Ins, Anzahl an Personalstunden und Produktivität

Tag	Montag 05.10.	Dienstag 06.10.	Mittwoch 07.10.	Donnerstag 08.10	Freitag 09.10	Samstag 10.10	Sonntag 11.10.
Check-Ins	21	31	37	27	24	21	0
Anzahl Stunden	21	23	23	21	20	10	0
Produktivität	1	1,35	1,61	1,29	1,20	2,10	0

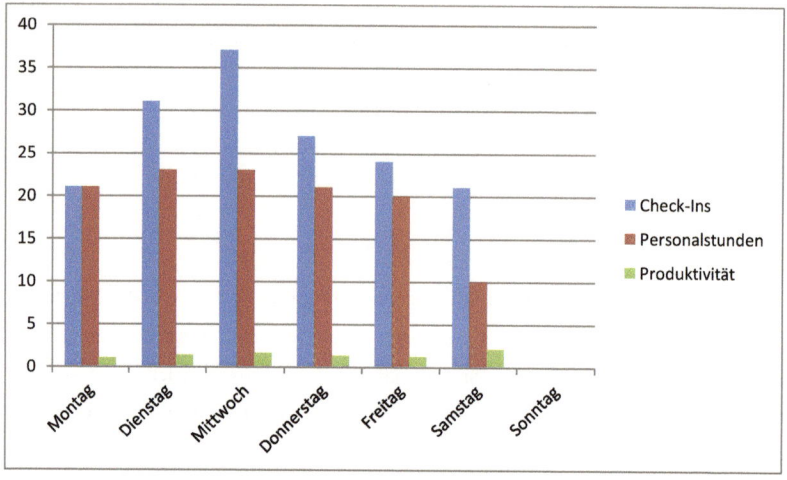

Abbildung 3: Check-Ins, Personalstunden und Arbeitsproduktivität im Überblick

Zusammenfassend lässt sich darstellen, dass die Arbeitsproduktivität über die Woche verteilt relativ konstant ist. Mittwoch zeichnet sich deutlich als stärkster Tag ab hinsichtlich der Check-Ins. Bezüglich der Arbeitsproduktivität ist der Samstag zu nennen, der mit 2,10 den höchsten Wert der Woche erreicht. Das liegt allerdings an dem Punkt, dass Samstag die Personalstunden im Verhältnis zu den Tagen unter der Woche verhältnismäßig gering sind.

Die Hauptursache dieser konstanten Verteilung der Arbeitsproduktivität, dass der Ausbildungsbetrieb ca. 200 Mitglieder bei 3 Trainern besitzt. Außerdem erfolgt jedes Training nur mit der Vergabe eines Termins. Somit sind die Kapazitäten am Tag erschöpft, wenn alle Termine vergeben worden sind. Der Mittwoch erreicht deshalb eine solche hohe Check-In Anzahl, da an diesem Tag auch vorwiegend mittags viele zum Training kommen, wo an anderen Tagen das Studio kaum besucht wird.

Zum Einen besteht die Möglichkeit die Arbeitsproduktivität durch die Reduzierung von Personal zu erhöhen. Mit einem Mitarbeiter weniger würde sich die Produktivität wesentlich erhöhen. Auf der anderen Seite muss man dann auch beachten, dass die Mitgliederzahl sich deutlich verringert, weil die persönliche Bindung an das Mitglied nicht mehr gegeben ist, weil dafür zu wenig Personal vorhanden ist, um sich mit dem Mitglied hinzusetzen und eine persönliche Beziehung aufzubauen, welche gerade im Personal Training sehr wichtig ist.

Eine weitere Möglichkeit ist die Erweiterung der Öffnungszeit. In meinem Ausbildungsbetrieb sind gerade die Zeiten morgens und abends sehr beliebt. Indem man die Öffnungszeit morgens eine Stunde früher öffnet und abends eineinhalb Stunden verlängert, besteht die Möglichkeit maximal zehn weitere Check-Ins zu erreichen. Auf Grund der Erfahrung sehe ich das Potenzial, dass diese Zeiten auch rege genutzt werden. Somit lässt sich die Arbeitsproduktivität wesentlich verbessert werden. Kritisch muss allerdings die Stundenzahl der Mitarbeiter betrachtet werden, wenn diese langfristig über ihre im Arbeitsvertrag festgelegten Zeiten arbeiten und jede Woche Überstunden sammeln. In solch einem Fall müsste man sich gegebenenfalls überlegen, ob man zur Reduzierung der Arbeitsstunden im Mittagsbereich nicht vielleicht 2 Stunden das Studio schließt. Eine weitere Möglichkeit besteht auch dass man es nur an ausgewählten Tag früher öffnet oder abends verlängert, wo die Nachfrage bedeutend hoch ist. Somit könnten man die Mitarbeiter entsprechend koordinieren und einplanen, dass sie langfristig keine Überstunden machen und der Laden nicht im Mittagsbereich geschlossen werden muss. An einem Tag arbeitet der Mitarbeiter etwas länger und an einem anderen Tag etwas kürzer wäre ein mögliches Beispiel für diese Umsetzung. Somit könnte man die Produktivität an einigen Tagen verbessern und die Mitarbeiter noch innerhalb ihrer geregelten Wochenstunden arbeiten.

4.2 Besonderheit externer Faktor

Im Rahmen der betrieblichen Leistungserstellung ist der externe Faktor ein Produktionsfaktor, der in der Dienstleistung im Leistungserstellungsprozess eingebunden wird. Durch die Leistungserstellung wird dieser dann verändert oder auch transformiert genannt. Die externen Faktoren gelangen demnach leider nur in zeitlicher Begrenzung in den Verfügungsbereich des Unternehmen (Stiller, 2015). Dies erschwert demnach auch die Planung im operativen Dienstleistungsmanagement. Aufgrund der Immaterialität der Dienstleistung lassen sich die klassischen Ansätze aus der Produktionstheorie nicht ohne weiteres übertragen. In der Dienstleistungsproduktion ist das Unternehmen verpflichtet eine Vorkombination der Leistungserstellung einzugehen. Das bedeutet, dass die Bereitschaft vorhanden sein muss, um die Dienstleistung und damit den eigentlichen Arbeitsprozess zu erbringen (Steven, 2015). Die Produktion wird also erst durchgeführt, sobald das Unternehmen die Möglichkeit hat in Kontakt mit dem externen Faktor zu treten. Erst danach besteht die Möglichkeit Umsatz zu erzielen. Solange allerdings dieser nicht die Leistung in Anspruch nimmt, muss das Unternehmen die Kosten für die Bereitstellung von Personal in Kauf nehmen ohne einen Umsatz zu generieren. Dementsprechend ist es im operativen Dienstleistungsmanagement sehr schwierig das Personal einzuplanen. Es kann einerseits passieren, dass ausreichend Personal eingesetzt wird, in der Hoffnung viele Kunden nehmen die Dienstleistung in Anspruch und letztendlich erscheinen zu wenige Kunden, sodass der erzielte Umsatz unter den Aufwendungen für das bereitgestellte Personal liegt. Andererseits gibt's auch die Möglichkeit zu wenig Personal eingeplant zu haben, woraufhin dann möglicherweise zu viele externe Faktoren eine Leistungserstellung fordern, sodass das vorhandene Personal aus Zeitdruck die Leistung mit einer schlechten Qualität erstellen. Gerade im Fitness- und Gesundheitsbereich muss man außerdem die saisonalen Schwankungen berücksichtigen, dass zu Beginn und gegen Ende des Jahres ein großer Andrang herrscht. Im Gegensatz dazu im Sommer und in der Weihnachtzeit der Fokus bei den Mitgliedern woanders liegt.

Demnach muss lässt sich es sich auch in diesem Punkt feststellen, dass es schwierig das Personal in ausreichender Menge zu planen. Die Frage, die das Unternehmen sich hier stellen muss ist, ob man mit einem kleinen festen Team arbeitet und in der Hochsaison mit teuren, freien Mitarbeitern arbeitet. Dies hat den Vorteil, dass man sie nur zu bestimmten Zeiten einsetzen muss.

Auf der anderen Seite muss man abwägen, ob es nicht doch sinnvoller ist ein größeres, festes Team anzustellen, die in der Regel etwas günstiger von der Bezahlung sind, dem Unternehmen aber das ganze Jahr Kosten verursachen.

Durch die aufgeführten Punkte lässt sich also zusammenfassend darstellen, dass im Bereich der Dienstleistungsproduktion das Unternehmen eine Vorkombination im Sinne einer Bereitschaft eingehen muss, um die Leistung letztendlich zu erstellen. Dies setzt eine Planung des Personals voraus, was zu Kosten führt und das Unternehmen nicht kalkulieren kann, ob die Kosten sich durch die entstehenden Umsätze amortisieren, da der externe Faktor nicht im Verfügungsbereich des Unternehmens liegt.

4.3 Bestandteile Abwicklungszeit und Maßnahmen

Wie in Aufgabe 4.2. schon erläutert wurde, bestehen im Leistungserstellungsprozess im Bereich der Dienstleistung einige Besonderheiten. Im Hinblick auf die Abwicklungszeit muss folgendes zunächst erläutert werden.

Auf Grund der Einbindung des externen Faktors müssen bei der zeitlichen Gestaltung Steuerung und Entwicklung von Dienstleistungen zwei Perspektiven berücksichtigt werden. Aus der Sicht des Anbieters werden objektive Zeitpunkte und Zeitdauern fokussiert. Im Hinblick auf die die Planung von personellen Ressourcen ist die Effizienz von Bedeutung. Auf der Anderen Seite konzentriert sich die Kundenperspektive neben der objektiven Zeit auch das subjektive Zeitempfinden von Bedeutung. Ziel dieser beiden Perspektiven ist die Optimierung des zeitlichen Ablaufes. Die Abwicklungszeit der Leistungserbringung setzt sich aus vier Komponenten zusammen (Stiller, 2015). Die Transferzeit beschreibt die Zeit, die für die An- und Abfahrt investiert werden. Darauf folgt die Vor- und Nachbereitungszeit. Dazu zählen alle Aktivitäten, die vor oder nach der eigentlichen Leistungserstellung anfallen. Als Drittes folgt dann die Transaktionsleistung oder die Zeit der Nutzung. Diese Komponente beschreibt die faktische Durchführung der Leistungserstellung. Als letzte Phase muss noch die Wartezeit genannt werden. Die ist die Phase in welcher der Kunde zur Verfügung stehen muss ohne dass eine Abwicklung stattfindet. Im Rahmen der Bewertung der Qualität und zur Optimierung der Effizienz sollte diese Phase so kurz wie möglich gehalten werden (Stiller, 2015).

Die Transferzeit ist in meinem Ausbildungsbetrieb ein positiver Faktor. Das Studio befindet sich direkt an einer großen Hauptstraße. Diese ist gleichzeitig eine große Verbindungsstraße, die viele Pendler nutzen, um von außerhalb Berlins in die Innenstadt zu fahren. Die Vor- und Nachbereitungszeit lässt sich in unserem Studio auf das An- und Ablegen der Elektroden bei dem Mitglied reduzieren. Die Mitglieder brauchen bei uns keinen Schlüssel, sodass die Zeit für den Check-In oder dem Check-Out verfällt. Da wir im Personal Training immer mit Terminen arbeiten, wissen wir, welches Mitglied als nächstes trainiert, sodass sie sich nicht bei uns am Tresen „anmelden" müssen.

Die Zeit der Nutzleistung ist das 20-minütige EMS-Training in der die Mitglieder die vollste Aufmerksamkeit eines Trainers erhalten und in Kombination mit dem Trainer und dem Mitglied es zum Dienstleistungserstellungsprozess kommt.

Die Wartezeit beschränkt sich auf die Phase in der das Mitglied etwas zu früh ins Studio kommt. Demnach kann es dann sein, dass der Trainer noch mit den Mitgliedern beschäftigt ist und der Kunde noch eventuell paar Minuten warten bis dieser sein Training absolviert.

Im Hinblick auf die Verbesserung der Abwicklungszeit sehe ich im Ausbildungsbetrieb folgende Möglichkeit. Zum Einen kann die Transferzeit wesentlich verbessert werden, indem man die Parkplätze vor der Tür für die Mitglieder nutzt. Teilweise ist es für die Mitglieder schwierig in der Nähe unseres Studios einen Parkplatz zu finden und kommen dann entweder zu spät oder gestresst zu ihrem Termin. Dies ist keine optimale Ausgangsposition für ein intensives Personal Training. Da nebenan auch ein großes Wohngebäude ist, sind viele Parkplätze durch die Anwohner belegt. Eine Möglichkeit besteht mit der Hausverwaltung zu sprechen, um uns zwei bis drei dieser Parkplätze zu überlassen. Somit könnte die Transferzeit wesentlich verbessert werden, welches die Mitglieder wertschätzen würden. Als weitere Möglichkeit sehe ich Potenzial in der Verbesserung der Vor- und Nachbereitungszeit. Der Termin für die Mitglieder besteht immer zu der halben oder vollen Stunde. Es ist auf Grund von knapp kalkuliertem Personal nicht immer gegeben, dass ein Trainer und eine Service Mitarbeiter gleichzeitig im Studio anwesend sind. Demnach hat der Trainer das Anlegen der Elektroden, das Training und auch das Auskleiden alleine zu erledigen. In der Regel dauert die Vor- und Nachbereitungszeit knapp drei Minuten. Wenn allerdings der Trainer alleine ist, müssen dann ungefähr acht Minuten an Zeit berechnet werden. Somit entstehen automatisch ein Zeitdruck und folglich auch eine verspäteter Start des Trainings. Dadurch wird das nächste Training verspätet begonnen, was dazu führt, dass das Mitglied eine höhere Wartezeit in Kauf nehmen muss.

Dies geht teilweise zur Lasten der Stimmung des Mitglieds. Durch die Einstellung eines weiteren Service Mitarbeiters hat man die Möglichkeit die Vor- und Nachbereitungszeit zu verkürzen und keine Wartezeiten entstehen zu lassen.

Des Weiteren haben wir im Studio keine Möglichkeit auf die Zeit der Nutzleistung einzugehen, da dies von der Franchise Zentrale vorgegeben ist und das Training mit den Übungen immer gleich erfolgt, um die Qualität bei jedem Training zu gewährleisten. Daher konzentriert sich der letzte Aspekt, den man noch verbessern kann, erneut auf die Vor- und Nachbereitungszeit. Wir führen in regelmäßigen Abständen Körperumfangsvermessungen und Fettanalysen durch. Dazu muss allerdings ein weiterer Trainer vorhanden sein, um diese durchzuführen, da der zweite Trainer die Mitglieder trainiert. Auch hierbei ist das Personal erneut ein großes Problem.

Gerade morgens und vormittags ist das Personal knapp kalkuliert, da der Andrang zum Training sich eher auf den Nachmittag und auf den Abend liegt. Daher ist es möglich, dass ein Trainer die Trainingseinheiten am Vormittag durchführt. Somit steht dieser allerdings nur die für Trainings zur Verfügung und für keine weiteren Serviceleistungen. Das führt dazu, dass wir bei einigen Mitgliedern die Vermessungen nicht durchführen können, weil uns die personellen Ressourcen fehlen. Dies kann sich sehr stark auf die Mitgliederbindung auswirken, da diese ihren Erfolg anhand der Umfänge und Fettwerte messen können. Man kann dieses Problem lösen, indem einen weiteren Trainer einstellt, was allerdings zu höheren Personalkosten führt. Die Frage ist natürlich dann, ob sich diese Neueinstellung lohnt, um die Vermessungen mit der Person durchzuführen. Das kann einerseits dazu führen, dass das Mitglied länger gebunden ist, weil es den Erfolg sieht. Andererseits kann es auch dazu führen, dass kein Erfolg eintritt und das Mitglied trotzdem kündigt und kein vermehrter ökonomischer Effekt durch eine längere Mitgliedschaft entsteht. Zum Anderen kann ist es möglich vor dem Termin mit der Vermessung keinen Trainingstermin zu vergeben. Somit ist es möglich, die Vermessung in Ruhe mit dem Mitglied durchzuführen. Allerdings kann es dann passieren, dass andere Kunden, die gerne einen Termin vor der Vermessung haben wollen, nicht trainieren können, da wir den Termin nicht vergeben dürfen. Das kann letztendlich dazu führen, dass einige verärgert sind und uns mangelnde Flexibilität der Trainingstermine vorwerfen.

Zusammenfassend lässt sich darstellen, dass die Abwicklungszeit in der Bodystreet generell sehr kurz ist. In der Regel sind die Mitglieder nach 30 Minuten mit einem vollwertigen Training wieder aus dem Studio. Dennoch gibt es innerhalb dieser „kurzen" Abwicklungszeit noch einiges an Potenzial, um die Zeit effizienter zu gestalten und damit auch die Mitgliederbindung zu erhöhen, was gerade im Bereich von Personal Training ganz wichtig ist.

5 Literaturverzeichnis

Becker, H.P. (2007). *Investition und Finanzierung*. Wiesbaden: Gabler.

Breuer, W. (2015). *Gabler Wirtschaftslexikon – Kreditwürdigkeitsprüfung*. Zugriff am 22.11.2015. Zugriff unter: http://wirtschaftslexikon.gabler.de/Definition/kreditwuerdigkeitspruefung.html

Bretz, M. & Tomscheit, O. (2011). *Creditreform – Branchenreport 2011*. Zugriff am 22.11.2015. Verfügbar unter: http://www.dresdencreditreform.de/files/branchenreport_fitnesswirtschaft_2011.pdf

Dennerlein, B. (2015). *Gabler Wirtschaftslexikon – Rückstellung*. Zugriff am 22.11.2015. Verfügbar unter: http://wirtschaftslexikon.gabler.de/Definition/rueckstellung.html

Deutsche Bundesbank. (2015). *Kapitel 6 – Die Geldpolitik des Eurosystems*. Zugriff am 22.11.2015. Verfügbar unter: https://www.bundesbank.de/Redaktion/DE/Downloads/Service/Schule_und_Bildung/ge ld_und_geldpolitik_kapitel_6.pdf?__blob=publicationFile

Eilenberger, G. (2003). *Betriebliche Finanzwirtschaft*. (7. Aufl.) München: Oldenbourg.

Geyer, A., Hanke, M., Littich, E. & Nettekoven, M. (2006). *Grundlagen der Finanzierung. Verstehen – Berechnen – Entscheiden* (2. Aufl.). Wien: Linde.

Glück, O. (2015). *Welt der BWL – Einzelunternehmen*. Zugriff am 22.11.2015. Verfügbar unter: http://welt-der-bwl.de/Einzelunternehmen

Glück, O. (2015). *Welt der BWL – Innenfinanzierung*. Zugriff am 22.11.2015. Verfügbar unter: http://www.welt-der-bwl.de/Innenfinanzierung

Heim, G. (2006). *Handbuch für die Praxis. Basel II als Chance für mittel- und Kleinbetriebe*. Berlin. Erich Schmidt.

Hermann, J. & Fritz, H. (2011). *Qualitätsmanagement – Lehrbuch für Studium und Praxis*. München: Hanser.

Kähler, J. (2015). *Kreditfinanzierung Teil IV – Leasing*. Friedrich Alexander Universität. Erlangen-Nürnberg. Zugriff am 22.11.2015. Verfügbar unter: http://www.economics.phil.uni-erlangen.de/lehre/bwl-archiv/lehrbuch/kap2/leas/leas.PDF

Kerbler, G. *Zinsvergleich Eurozone/USA*. Zugriff am 22.11.2015. Verfügbar unter: http://www.leitzinsen.info/

Lies, J. (2015). *Gabler Wirtschaftslexikon – harte und weiche Faktoren*. Zugriff am 22.11.2015. Verfügbar unter: http://wirtschaftslexikon.gabler.de/Definition/harte-und-weiche-faktoren.html

Piechotta, B. (2008). *Qualitätsmanagement (QM) – ein Muss für Psychotherapeuten mit eigener Praxis*. Heidelberg: Springer.

Pohl, M. (2015). *Gabler Wirtschaftslexikon – Basel III*. Zugriff am 23.11.2015. Verfügbar unter: http://wirtschaftslexikon.gabler.de/Definition/basel-iii.html

Schierenbeck, H. (2015). *Gabler Wirtschaftslexikon – Basel II*. Zugriff am 23.11.2015. Verfügbar unter: http://wirtschaftslexikon.gabler.de/Definition/basel-ii.html

Schlaffke, W. & Plünnecke, A. (2015). *Studienbrief Betriebswirtschaftslehre IV*. DHfPG: Saarbrücken.

Steven, M. (2015). *Wirtschaftslexikon – Dienstleistungsproduktion*. Zugriff am 23.11.2015. Verfügbar unter: http://wirtschaftslexikon.gabler.de/Definition/dienstleistungsproduktion.html

Stiller, G. (2015). *Wirtschaftslexikon24 – Dienstleistungsmanagement (Service Management)*. Zugriff am 23.11.2015. Verfügbar unter: http://www.wirtschaftslexikon24.com/e/dienstleistungsmanagement-service-management/dienstleistungsmanagement-service-management.htm

Stiller, G. (2015). *Wirtschaftslexikon24 – Externer Faktor*. Zugriff am 23.11.2015. Verfügbar unter: http://www.wirtschaftslexikon24.com/e/externer-faktor/externer-faktor.htm

Stiller, G. (2015). *Wirtschaftslexikon24 - Qualität*. Zugriff am 21.11.2015. Verfügbar unter: http://www.wirtschaftslexikon24.com/d/qualitaet/qualitaet.htm

Übelhör, M., Warns, C. (2004). *Grundlagen der Finanzierung anschaulich dargestellt* (3. Aufl.). Heidenau: PD.

Werner, H. & Kobabe, R. (2005). *Unternehmensfinanzierung*. Stuttgart: Schäffer-Poeschel.

Wöhe, G. (2005). *Einführung in die allgemeine Betriebswirtschaftslehre* (22. Aufl.). München: Vahlen.

6   Abbildungs- und Tabellenverzeichnis

6.1 Abbildungsverzeichnis

Abbildung 1: „be fit and healthy" Grundriss
Abbildung 2: „be fit and healthy" Grundriss & Einsehbarkeit Trainer
Abbildung 3: Check-Ins, Personalstunden und Arbeitsproduktivität im Überblick

6.2 Tabellenverzeichnis